꽃잎처럼 흩날리는 비움

이숙례 시집
꽃잎처럼 흩날리는 비움

초판1쇄 발행 2025년 9월 30일

지은이 이숙례
펴낸이 이길안
펴낸곳 세종출판사

주소 부산광역시 중구 흑교로 71번길 12 (보수동2가)
전화 463-5898, 253-2213~5
팩스 248-4880
전자우편 sjpl5898@daum.net
출판등록 제02-01-96

ISBN 979-11-5979-810-8 03810

정가 12,000원

본 도서는 2025년 부산광역시, 부산문화재단(부산문화예술지원사업)으로 지원을 받았습니다.

이 책은 저작권법에 따라 보호받는 저작물이므로 무단전재와
무단복제를 금지하며, 이 책 내용의 전부 또는 일부 내용을 재사용하려면
사전에 저작권자와 세종출판사의 동의를 받아야 합니다.
* 잘못된 책은 교환해 드립니다.

꽃잎처럼 흩날리는 비움

이숙례 시집

세종출판사

머리글

무성했던 여름날의 무게를 조용히 내려놓고
비움이 가르쳐준 지혜로
성숙한 가을을 맞이하였습니다.
마음 한켠에 품었던 온기와
바람에 흩날리는 꽃잎의 가냘픈 숨결처럼
깊이 스며드는 조심스러운 언어와
여린 노래들을 이 시집에 담았습니다.

이 작은 글 하나하나가
삶의 무게에 지친 마음에 닿아
잠시 멈추어 숨을 고르고
내면의 고요와 마주하는 시간이 되길 소망합니다.

끝으로,
한결같은 따스함과 깊은 통찰로
늘 길잡이가 되어주신
(사)부산여성문학인협회 명예이사장 정영자 교수님께
깊은 감사와 존경의 마음을 올립니다.

                          2025년 가을 이숙례 올림

차
례

머리글 • 5

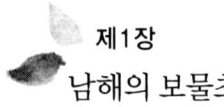
제1장
남해의 보물초

추억이 서린 고향	15
엄마의 음표	16
남해의 보물초	17
머위 부케	18
중년의 꽃잎	19
어머니의 노래	20
잠긴 악보가 노래한다	21
남해의 맛, 마늘과 한우	22
밤하늘에 물든 기억	23

제2장
흙 속에 묻어둔 편지

봄의 여정	27

흙 속에 묻어둔 편지	28
3월의 서간	30
혈관 속의 새싹	32
영혼의 샘	33
황금빛 주머니	34
너의 꽃자리	35
연록지의 여신	36
벚꽃의 눈물	38
봄처럼 살자, 우리	39
파도에 잠긴 맥박	40
동백꽃 행렬	42
오월의 청춘이여!	44

제3장
유월, 그 숲에 들다

유월, 그 숲에 들다	47
여름 안부	48
영원히 잊지 못할 일	49

인생 열차	50
침묵의 향기	51
파도가 그리는 초상	52
젖어 오는 그대 향기	54
주인 잃은 물소리 농원	55
여름의 무게	56
여름날의 시 향기	57

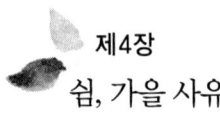

제4장
쉼, 가을 사유

쉼, 가을 사유	61
가을의 화상	62
억새들의 연가	64
낙엽의 서곡	65
지상에 내린 햇살 한 조각	66
가을날의 연가	67
가을빛에 홀려	68
빛바랜 추억	69
저문 산 넘어	70

제5장
산다는 것은

잿빛 마음의 사연	73
산다는 것은	74
닮음	76
그냥, 오늘	78
고목에 핀 꽃	79
뿌리 깊은 돌	80
겨울 벤치	81
생의 언덕	82
원숙한 황혼	83
커피 한 잔의 행복	84

제6장
국제시장 그 할머니

정이라 쓴다	87
국제시장 그 할머니	88
행복 폭탄	90

순천 쌍암기사식당	91
홍게 사랑	92
가재는 말한다	94

제7장
사랑, 그 하나 뿐

사랑, 그 하나 뿐	99
사랑의 자전 속에서	100
이별 없는 부산 정거장	102
내 사랑, 작은 꽃에게	104
해운대 동백교	105
잎새 휘파람 되어	106
빛의 꽃다리	108

제8장
꽃잎처럼 흩날리는 비움

꽃잎처럼 흩날리는 비움	111
유가사에 머문 봄바람	112

합천 황강의 함벽루	113
풀잎이 햇볕 마시는 날	114
마음의 조각	115
창녕 고분지의 젖무덤	116
구름이 던져 준 법향	118
대숲에 이는 법문소리	120
발자국이 녹는 자리	122
운문사의 가을	123
붓끝에 춤추는 선	124

해설 · 정영자
편지 줄글 같은 시의 안부   127

제1장

남해의 보물초

추억이 서린 고향

오래된 흙길이
발끝에서 녹슨 방울
소리를 내고
누렁이 꼬리 휘날리던 자국이
이제는 아스팔트 아래 숨죽이는데

누렇고 거친 밀가루로
만든 수제비 한 그릇 먹으며
여름밤 모깃불 매운 연기랑
평상에 누워
밤 하늘에 수많을 별을 헤이던 밤

이제
우주선처럼 뜬 내 유년은
지금 남해 바다 위
파도타기 있을까

엄마의 음표

엄마의 새끼손가락이
뒷산 바람을 잡아당기던 날
고사리 싹은 악보 위
휘어진 음자리표 되었지

깍지 낀 대지가 우리 발목에
봄철 지휘봉을 흔들 때마다
풀잎 오선지에
미풍의 아르페지오

지금 그 골목길
이삭으로 젖은 초승달이
오래된 계이름을 털어내는데
돌계단에 앉은 나무늘보는
아직도 손바닥 위 잠자는 도레미

고사리잎에 맺힌 이슬이
엄마 품속의 온음표를 한 방울씩
빈 바구니에 담아갈 때 산책로는
유년의 레가토로 부풀어 오릅니다

남해의 보물초

해풍 맞고 자란
남해 시금치

달빛을 보고 얼었다
햇살의 품에 녹았다

겸손한 사람을 보면
그 깊이가 느껴지듯

더욱 낮추어 튼실하게 자라
깊고 붉은 뿌리의 단맛과 향

땅을 사랑하여
땅 내음이 나는 남해의 보물초

한 잎 한 잎
푸른 기적을 담는다

머위 부케

물 맑고 마음 따뜻한
남해 땅 끝자락
텃밭에서 서리와 춤추는 겨울 머위

겨울을 몰아내는
손짓으로 미소 지으며
생명의 끈을 놓지 않는 머위

머위 쌈 좋아하는 그대를 위해
햇살이 빚은 잎사귀 한 땀
이슬이 수놓은 푸른 뭉치

쌉쌀한 향기 속에
아스라이 피어나는
경이로운 생명력

아삭아삭
건강이라는 이름표를 달아
그대에게 드리니

중년의 꽃잎

햇살이 쑥 바구니 속으로
굴절된 오후
논둑의 그림자에 앉아
뿌리내린 유년의 시간

한 줌 쑥 속에 달아난 봄
꽃순이는 이제
잎맥에 가을을 수놓으며
바람의 방향을 묻는다

발끝마다 피어나는 길
흙 내음으로 영글어 간
중년의 꽃잎들
한 송이 먼지가 되어
강물 위 주소를 적는다

어머니의 노래

저문 길의 먼지가
목판화 새기듯 목소리를 내리던 날
어머니의 가락은
강물 위 달빛이 되어
산등성이를 타고 넘어갔지

빈 대야에 담긴 세탁소리
고랑마다 묻은 손톱 밑의 흙
그리움은 이제
동박새 날개에 실려
메마른 빨래 줄을 흔들고

밤새 우는 바람이
무명 저고리 소매로 스며들 때
흐르지 못한 눈물이
별알이 되어
빈 마당에 쌓여간다

잠긴 악보가 노래한다

고향 담장 그늘에
이슬 주름 잡힌 청포도

어린 날의 옥구슬 같은 꿈이
푸르르게 푸르르게
영글어 가던

톡톡 터져 나오는 산뜻함을
입속에 물었던 그 여름
바람이 노래하던 칠월의
잠긴 악보를 열고

구슬땀 맺히던 그 자리
청포도가 익어가는 칠월
반짝이는 유년도 함께
노래해 본다

남해의 맛, 마늘과 한우
- 남해 마늘 한우 축제

남해 유배문학관 앞마당
고향 사랑 방문의 해를 맞아
마늘 향기와 한우가 손잡고 열린
고향의 땀방울 축제

환경 좋은 남해 청정 특산물
마늘 장인들이 만든
다양한 주제의 마늘 공예품
창의성 높은 천하 으뜸 남해 마늘

진주를 꿰듯 쌓인 작품들
파도 소리로 빚은 조각들
절경이 배어난 마늘밭과
하늘을 닮은 한우의 등심

축제의 무대에 올라
이 땅의 자랑으로 피어난
오늘의 기억, 내일의 뿌리
남해를 노래한다

밤하늘에 물든 기억

여름밤 평상에 누워
조각달이 물고 가는 밤하늘 바라보다
반딧불이 등불 쫓아 다니던
그리운 유년의 시간

양계장 초가지붕 위 조롱박
함박웃음으로 영글어 가고
백 솥에 감자와 옥수수 삶은 냄새에
침 삼키던 그 옛날

풀벌레 소리 깊어가는 밤이면
수리부엉이 날아와 닭장을 휘저으며
살려 달라 아우성치던 닭을 낚아채
어둠 속으로 사라지던 무서운 밤

내 마음 속에 선명한
유년시절의 추억이 환히 미소 짓는다

제2장

흙 속에 묻어둔 편지

봄의 여정

꽃 내린 가람에
마음 묻은 채
오솔길 비탈진 들꽃들

붉게 영글어 가는 연정
꽃잎마다 머금은 사랑
어느 굴레에 씨앗 던져야 하나

봄바람 이는 대로
휘어지는 꽃그늘 안겨
이 계절을 업고 가리라

그리움의 울타리
한 바퀴 돌아 선 자리
허공을 두드리는 허탈

차라리
내 가슴 흙을 파고
꽃씨 하나 심으리

흙 속에 묻어둔 편지

아침 이슬이 녹아내리는 소리에
겨울의 잠옷을 벗은 나무들이
한 송이 꽃망울을 들고
수줍게 손을 흔든다

바람이 흙 속에 묻어둔 편지를
뿌리들에게 읽어 주면
풀잎들은 고개를 내밀어
하늘을 향해 초록빛 물음을 적신다

강아지풀 사이로 스며드는 햇살이
미닫이문을 열고
한 아이의 웃음소리는
멀리서 돌아온 제비의 노래와 겹친다

저만치 피어나는 벚꽃 구름 아래
발자국마다 남은 향기가 흩날리는 동안
땅속 씨앗의 속삭임에
귀를 기울이고 있었다

시간이 지나도
그날의 봄은 한 장의 편지로 남아
오늘도 읽혀지는 눈부신 향기다

3월의 서간

차가운 봄햇살을 타고 온
당신은 바람이었습니다
마른 낙엽 속에 묻힌 시간을
한 뼘씩 허물어 내리니까

당신은 첫 번째 빗방울
잠든 눈썹을 적시는
빈 심장의 습격을 남기고
사라지는 법을 가르쳤습니다

햇살이 되어 돌아올 때엔
눈물 젖은 이불을
창가에 펼쳐 놓으셨지요
슬픔의 주름을 다림질하며

구름으로 변주하신 몸짓에
내 망각의 강 위로
종이배를 띄웠습니다
편지봉투 안에 갇힌 노을처럼

이제 당신은 붉은 물감이 되어
내 발목을 적십니다
저물녘 하늘에 새겨진
이름 없는 꽃의 서명으로

혈관 속의 새싹

혈관 속으로 맺힌
수많은 새싹의 골절
봄이 피어오른다

땅 속 깊이
울음의 뿌리를 내린 채
하늘은 파란 미소를 띄우고

내 눈동자에
반짝이는 상처들
꽃잎 되어
흩날린다

영혼의 샘

삼월에 내리는 눈은
침묵의 발걸음으로 와
흰 수의를 벗고

글썽이는 내 안의
이별의 은빛 결정체
떠도는 나그네의 눈동자에
서린 한 줌의 여백

당신의 순백 속
뿌리 내린 영혼의 샘
아, 흐르는 별처럼
그대에게 스며들고 싶다

황금빛 주머니

알알이
노란 숨이 고인 망울들이
봄바람에 옷고름 풀리더니
수줍은 신부 손끝으로
산등성이를 적신다

한 송이 두 송이
미간을 파르라니 떨구며
차분히 단장한 뒷모습
흐르는 햇살에 귓불 붉히는데
이내 골짜기가
혼주의 빛으로 물들어

이제야 터널 속 나비들이
황금빛 향주머니 터트리면
산천간에 울려 퍼지는
꽃잎 종소리,
한가락 한가락
봄의 교황곡이 피어난다

너의 꽃자리

기나긴 기다림 끝에
드디어 동토를 벗어나
황금 꽃잎 열며 봄 마중하는
너의 꽃자리

누가 봐 주지 않아도
강인한 생명력으로
자연과 동행하는 경이로움

하늘 향해 찬란한
봄을 노래하며
노란 입술 내미는 복수초

세상에 빛을 내리고
영생과 자유를 꿈꾸며
영혼으로 피어난 태양의 꽃

추운 땅 뚫고 따뜻한 봄 데려 온
예쁘고 순한 너의 꽃자리
네가 미소 지으니
나도 웃음이 난다

연록지의 여신

초록이 물들어가는 봄날
민들레 홀씨가 사랑을 실어
바람결에 허공을 수놓는다

호수에 부딪히며 산산이 흩어지는
흰 실루엣 너머로
송해 공원 봄빛이
밀물처럼 밀려든다

나는 봄바람 따라
연못 위 비단결을 밟으며
연록지의 여신으로 흩날린다

발끝마다 피어나는 명주빛 향기
잠든 버들잎을 스치면
물거울 속에선 영원이
꽃잎을 내리고

저 멀리 에매랄드 물결 위로
흰 노을이 내린 팔뚝을 들어
민들레 홀씨를 다시
별빛으로 불러 올리리

벚꽃의 눈물

4월의 숨결이
유리창에 이슬 꽃을 그리는 아침
흩날리는 꽃잎들이
공중에서 주소를 잃는다

빗방울이 새겨 넣은
얼룩진 수호천사들
차가운 바람에
목화솜 같은 떨림

땅에 닿는 순간
서로의 몸짓으로
얼어붙은 시간을 녹이며
눈꽃보다 가벼운 유서를 쓴다

봄처럼 살자, 우리

반가운 바람으로 살자 봄처럼
버들잎 속삭임 같은 기척만으로
창가 걸린 햇살의 발자국만으로
얼음 녹은 강물처럼 웃어 주며

설렘 가득 다가서는 봄처럼
반가운 사람으로 살자, 우리

햇살 머금은 구름으로 살자 봄처럼
땅속에서 손가락 터지는 새싹들처럼
살금살금 스치는 발걸음마다
동그란 생명의 고리 만들며

포근한 사람으로 살자, 우리

입꼬리에 맺힌
복숭아꽃으로 살자 봄처럼
차가운 자갈길도 이끼가 스민 등성이
우연히 스치는 인연이라도
산비둘기 울음이 꽃잎으로 피어오르는
꽃빛으로 살자, 우리

파도에 잠긴 맥박

파도가 스치는 발아래
바다는 오래된 편지를 쓰고
나는 기다림의 모양을 배운다
수평선은 끝없이 입을 벌린 채

동백꽃 붉은 화염 속에
지워진 발자국들은
모래알 하나가 되고
바람은 그리움의 무게를 재본다

등대가 깜빡이는 어둠을 삼키면
해안선은 잠든 고래의 등
파도 소리는 내 맥박을 훔쳐 가
바닷속 별들과 놀고 있다

돌 위에 앉아 시간을 씹을 때
동백잎은 내 어깨에 내려앉아
차가운 달빛을 데우나니
바다가 된 내 가슴에 뿌리를 내린다

떠오르는 조류와 함께
모든 습관은 조각배가 되어
동백섬의 숨결에 기대
나는 또 하나의 파도가 된다

동백꽃 행렬

동글동글 커다란 동백나무 숲
동화 속에 발을 들인 듯
빨간 초코송이 동백들이
길게 이어진 미로

키 큰 동백나무 사이로 스민 초록
노랗게 익은 제주의 하귤,
야자수 잎사귀와 어우러져
눈부신 계절의 숨소리

끝없이 이어지는 동백꽃 미로
붉은 꽃잎 위 하얀 눈송이가
노란 꽃술에 박힌 보석처럼 피어나고
산책로마다 인생샷으로
추억을 새기는 발걸음

온 세상이 붉은빛으로 물들던 날
낙화된 꽃잎 사이로
개모밀 덩굴이 송이송이
고개 들며 미소를 부르고

흩날린 꽃잎이 깔린
진홍 카펫을 펼쳐 놓고
생의 끝자락까지
아름다운 꽃길을 내어주는
영원한 동백꽃 행렬

오월의 청춘이여!

푸르름이 소리치는 계절
오월의 청춘이여, 오라!
산과 들이 차려낸 만찬
신록의 그릇에 네 이름을 새기리

한 줌의 바람이 건네는 초대장
풀잎 사이로 스며드는 햇살의 향연
이 향기로운 시간을
흩날리는 꽃잎 위에 올려놓으리

한순간의 푸름도 영원이 되고
스치는 빗방울도 노래가 되는
오월의 밥상엔
너의 빈자리가 하얗게 빛나리

저물지 않는 오후를 걸으며
한 번뿐인 청춘을
이 땅에다 전부 쏟아부을지어다
오월이 우리를 부르는 소리
발끝에 달린 계절의 숨소리를 따라

제3장

유월, 그 숲에 들다

유월, 그 숲에 들다

싱그러운 초록 주단을
나무들이 춤추며 펼치니
파란 그리움은 잎사귀마다
스민 향기로 번져

미풍에 흔들리는 잎새들
한 장 한 장 푸름이 영글어 갈수록
그대 모습도 이슬에 젖어 오르네

하늘은 푸른 물길을 열고
구름 배 한 척 띄우더니
뻐꾹뻐꾹 우는 새는
누군가의 이름을 삼킨채
온 숲에 메아리치는
푸른 심장의 소리

여름 안부

태양이 내리쬐고
나무는 푸른 손으로
부채질 한다

방금 씻은 듯
하얀 얼굴로 아침이 오면

오래 전에 부친 엽서
어색하게 도착한 날

시간은 영원 속으로 가라앉고
박제된 순간은 조용히 빛난다

바람은 골목골목
여름 안부를 남기고 간다

영원히 잊지 못할 일
– 유엔공원에서

대한의 평화를 위해
꽃다운 젊음이 잠든
유엔 국립공원 묘지에

애끓는 뜨거운 피로
대한의 하늘을 떠도는
넋을 어찌 잊으리까

끝나지 않은 질곡은
얼룩진 역사의 업보로
이루지 못한 염원이 되어

영원히 잊지 못할 일
아직 쟁쟁한 영령 앞에
피를 토하는 절규로
고개 숙여 헌시 올리나니
부디 편히 잠드소서

인생 열차

바다를 품고 달리는
달맞이 해변 열차

햇살 머금은
쪽빛 바다의 숨결

내 마음도
윤슬로 반짝인다

해안선 옆구리를 끼고
느릿느릿 움직이는
열차처럼

우리네 인생도
좀 느리게 간들
어떠하리

돌아보면
모두가 아름다운 시간인 것을

침묵의 향기

초하의 설렘
초연함으로 연을 본다

한낮 꽃봉오리 톡톡
터트리며 자비로운
미소 활짝 피웠다가

밤이면 수려한 자태로
초록 방석에 자복하고
부처님 합장한다

천상에서 강림했을까
청아하고 곱기도 하지
속세의 업보 다 끌어 앉고

하얀 가슴 까맣게 타도록
백팔번뇌 염불 들으며
자부락 자부락 흔들린다

파도가 그리는 초상

파도가 그리는
유리창 서명 위로
서리꽃 한 송이 피운
당신의 호흡

모래알 시계 속
사라진 발자국마다
겨울 바다가
눈물 대신 소금을
간직하는 법

부서진 조개껍질에
새겨진 나이테
한 바퀴 돌면
이름 대신 달이
차오르는

바람이 건네는
미개봉 편지 뭉치
흔들리는 우표에
당신의 초상이 흐른다

파도 소리
한 모금 마시면
입가에 맺히는
수평선의 향기

당신은 누구십니까
파도가 묻는 소리에
파도가 대답을 덮어 버린다

젖어 오는 그대 향기

밤새 주룩주룩
빗방울이 발끝에 맺힙니다

온몸으로 빗물에 스며들고 싶은 밤

흠뻑 젖어갈수록
그대 향기도 젖어 옵니다

우산을 접으며
행복을 한 줌 담아 봅니다

주인 잃은 물소리 농원

언제부터인가
농원의 물소리는
물길의 실타래를 풀어 버렸다

종달새도 동박새도
헝클어진 악보 위에
음표를 묻는 계절

들깨 나무가 허공에
팔을 뻗은 채 굳어버린
고추잎 사이로
한 줄기 습기가 스민다

안개가 서릿발처럼
발목을 묶은 농원
흙은 아직도 주인의
손길을 잊지 못하는 듯

여름의 무게

더위에 지친 사람들은
쉼터를 찾아 숨을 고르네

초록 잎새들도
목마름에 입을 벌리고

바람에 춤추던 들풀조차
몸을 가누지 못한 채

그저 꽃들만이
애써 미소를 띠우며
여름을 맞이한다

살며시 내려앉은 뜨거움 속에도
어쩔 수 없이 피어나는
생명의 노래

여름, 그 무거운 숨결을
꽃들이 대신 담아 낸다

여름날의 시 향기

폭염 속 땡볕 아래
불쾌지수는 치솟아도
중년을 훨씬 넘은 그녀들
시의 언어로 허공에 수를 놓는다

뜨거운 공기 가르며
허기진 삶의 길목에 숨 쉬는 곳
시낭송은 최고의 선물 되어
호호 웃음과 하하 웃음 사이
고요한 숨결 속에 피어나는
은은한 시의 향기

운명처럼 꽃피운 시낭송의 자리에서
온몸과 마음을 실어
삶이 되고 사랑이 되는 순간
그녀들은 걸어간다

시와 함께,
최고로 아름다운 그 길을
삶의 향기를 깨우는
시낭송의 향기를 따라

제4장

쉼, 가을 사유

쉼, 가을 사유

진한 에스프레소에
외로움을 숨기며
아슴아슴 지고 있는 계절

온 산에 마음에
빨갛게 물들여놓고
홀연히 떠나버리는 가

- 너는 어디에서 왔다가
어디로 가는 가 -

도란도란
커피와 마주앉은 가을,
그리고 온기

가을의 화상

가을이 상처를 앓는다
미숙한 열매처럼 터져 나오는
내 혈관 속 산열

한여름 불꽃에 데인 잎사귀들이
이제야 피고름 같은 색을 흘린다
붉은 것은 체온의 잔류
노란 것은 고통의 농축액

철길 위를 기어가는 구름들
잎맥에서 서린 상처의 역학
너무도 뜨거워서
차가운 푸름을 삼켜버린 계절

내 살갗에도 금이 간다
저 무성한 상흔들 사이로
가을 햇살이 스며들 때
잎떨구림의 화학반응이 시작되어
피부 밑에서

잿빛 정맥들이
서서히
응고된다

억새들의 연가

가을의 끝자락에서
하얀 손수건 흔들며
이별의 춤을 춘다

바람의 연주에 따라
서로의 몸을 부대끼며
보풀보풀 은빛 비늘
조각들을 다 털어내고

허리가 꺾이도록
살풀이춤을 추는 억새

샤르르 샤르르
억새들의 구슬픈 연가가
바람결에 나부낀다

낙엽의 서곡

잊혀진 푸른빛을 흔들며
공기 속에 수 놓는
나뭇잎들의 발레
한 줌씩 쌓이는 계절의 편지
발아래 부서지는 햇살의 속삭임

여름이 남긴 상처의 잎살들
주름진 잎맥에 갇힌 시간의 꿈
이제 하늘을 수놓는 유리병
붉은 노래가 흐르는 불꽃의 다이어리

떨어질 때마다 새겨지는
바람과의 눈짓
공중에 멈춘 채로 녹아내리는
낮과 밤의 왈츠

지상에 내린 햇살 한 조각

여름 한낮
태양은 솟아오르고
꽃들은 햇살을 동경한다

금가루를 뿌린 듯
햇살 한 조각
황금빛 꽃으로 피어나고

이름 모를 들꽃과
눈 맞춤하는 설레는 시간

그늘진 들판에
밝은 물결로 일렁이며
너는 등불로 피어 나고 있다

가을날의 연가

감이 익는 가
노을이 지는 가

차곡차곡 쌓이는
가을날의 슬픈 언어들

물드는 석양
바람결에 휘돌며 떨어질 때

계절은
빨갛게 눈이 부어
외로움에 떨고 있다

누가
가을을 익음의 계절이라 했던가

저토록 붉게 타도록
텅 빈 가슴 하나 달래지도 못하였는데

가을빛에 홀려

가을은 바스락거리며
마음으로 차오르고

바람이 스칠 때마다
우수수 쏟아지는 낙엽

나뭇잎 사이로
익어가는 가을

스며드는 햇살
그 화사하고 농염함

가을빛에 홀린 산, 들, 바람
그리고 사람들

순도 높은 황금빛
가을의 밀회를 엿보며

나도 꽃인 듯
가을 속으로 빠져든다

빛바랜 추억

익어가는
살빛 햇살 아래

오랜 전 기억
가물거리며 찾아든다

청명하게
높아가는 하늘

과실도 가을 추억을
수확하는데

알알이 품은 무화과
꽃 보따리 풀면
내 이야기도 있을까

달콤하고 향기로운
빛바랜 추억

저문 산 넘어

바람이 늦가을을
단풍 물감에 스며들면
발끝에 밟히는 낙엽 소리
고개 돌리면 쓸쓸함이 서 있다

흩날리던 지난날들이
잠깐 스쳐도
빈 자리엔
아득한 그리움만 남아

햇살에 젖은 서러움도
저문 산 넘어
흐릿하게 녹아내리고

가을은
흩날리는 속삭임으로
귀가에 맴돈다

제5장

산다는 것은

잿빛 마음의 사연

아파트 주차장 마트 앞 벤치
아침부터 한 여인이 앉아 있다
쓸쓸하다

무슨 사연일까
등 뒤로 피어오르는
태산 같은 한 숨
뿌옇게 타는 사연

저 작은 어깨에
느껴지는 삶의 무게가
아프다

십오 센티만큼의 자유에
위로를 태우며
기도하듯 천천히 눈을 감는
어느 인생의 아침

우연처럼 마주한
낯모르는 여인의 쓸쓸함이
웬일인지 발끝을 무겁게 한다

산다는 것은

홀로 서서
고독의 뿌리를 찾아내는 나이
인간은 결국
저마다의 어둠을
삼키며 자라는
나무인걸

아침 눈 뜰 때마다
살아 있음의 씨앗이
손금에서 싹트는 소리에
귀 기울이고
공기의 청아함이
가슴을 적실 때
고개 끄덕이는
오늘

서로의 그늘에
빗방울이 되어
스며들다가

차마 건드리지 못한 슬픔들은
시간의 강물에
돌멩이처럼 굴러가리

닦음

매일
나는 마음을 닦는다
어제도 닦았건만
오늘도
구석구석, 빗장을 풀고
희디흰 걸레로 문지른다

깨끗해졌다고 믿는 순간
언제나
작은 그늘 하나
슬며시 따라 붙는다

빛 아래 드러나는 얼룩
욕심이 남긴 자국
불만이 일군 먼지 더미

그래도 나는
손을 멈추지 않는다
묵은 감정을 헹구고
탐심의 때를 벗기며

조금씩
내 안의 창이 맑아 진다
그 투명한 유리에
누군가의 따뜻한 얼굴이
비치기 시작한다

그냥, 오늘

습하고 무더운 하루
불쾌지수는 하늘 끝까지 올라
아이스커피 한 잔에 숨을 고른다

돌아오지 못할 인생길
알면서도 묵묵히 걷는 우리
'그냥'이라는 말 속에는
특별한 이유도, 이유 없음도 없이
쉬어가는 여유가 깃들어 있다

복잡한 세상 한복판에서
한 번쯤은 그냥, 느슨하게
넉넉한 시간 속에 머물고 싶다

대단하지 않고 길지 않은 삶이라도
그 안에 담긴 소박한 여유로
오늘도 무심히, 천천히
걸어가리라

고목에 핀 꽃

무성하고 장엄한 그늘에
옹기종기 이야기꽃

텅 빈 속 깊게 파여도
다시 푸르게 나부끼며

더 높고
깊은 사랑의 뿌리 내린 강인함

끝까지 희망을 놓지 않은
저 지독한 승리를 보라

삼라의 모든 기운을 담아
살아있는 기적을 믿어라 하네

뿌리 깊은 돌

자주
바람에 흔들리는
막막함이
발목을 휘감아도

이따금
목구멍에 멈춘 먹먹함이
숨을 돌릴 틈 없어도

뿌리 깊은 돌처럼
묵묵하게
들꽃으로 살아 가련다

겨울 벤치

거울 속 그녀
주름진 빛에
쓸쓸함이 밀려온다

인생은 모래알
한 줌씩 미끄러져
발자국이 빈 천사의
발꿈치 되어

겨울 벤치
허공을 안은 채 서니
그림자만
시든 장미잎 되어
눈물로 스며든다

생의 언덕

바다를 품에 안은
바람의 언덕에는 유럽풍의 풍차가
쉼과 여유를 준다

바람 불어
바람의 언덕이라지만
바람 불지 않고

어쩌면,
허기진 삶에
무엇이든 채워가는 우리 모두의
인생의 언덕인지도 모른다

삶은
풍차같이 기쁨과 슬픔을 돌며
희비가 교차해도

또,
희망을 노래하는
푸른 바람의 언덕

원숙한 황혼

비켜 갈 수 없는 세월
솔바람 타고 흘러온
삶의 여정

수많은
씨줄과 날줄이 만나
이어진 길 위에

굵적인 인생론
부치지 못한 마음
추적추적 젖는다

원숙한 황혼
가지에 매달린
추억을 되새김질하며

쓸쓸한 뒤안길에
세월의 꽃으로 피어나고 있다

커피 한 잔의 행복

콩을 갈아
증기가 하늘을 그리는 아침
유리잔에 담긴 강물이
내 손목의 시간을 녹인다

크레마 위로 떠오르는 섬
달콤 쌉싸름한 우주의 파문
입술이 닿을 때 마다
어둠도 젖어드는
부드러운 중력

머문 자리마다 남은 향기
한 모금의 여백이
세상을 잠시
잊게 한다

제6장

국제시장 그 할머니

정이라 쓴다

해운대시장 골목에서
정으로 빚어낸 그리움을 먹는다

입덧 할 때 너무 먹고 싶어
곱으로 먹었던 비빔당면

허기진 정을 채우려고
줄지은 사람들

그리움에 마음조이며
설렘으로 기다리는 사람들

세월은 흘렀어도
잊을 수 없는 기억

소박하여 정겨웠던 정
다시 찾은 해운대 전통시장

가끔 그곳에 가면
쫄깃한 그리움과 후덕한
추억들이 있다

국제시장 그 할머니

먹거리 천국 50년 전통이라네
할머니가 펼쳐 놓은 좌판 위에는
각양각색의 옷을 입고
맛 자랑에 나선 어묵꼬치들이
맛있게 놓여 있었지

정갈한 모습
정성 어린 손길
깊게 우려진 국물 맛

추운 겨울날 양념장에 찍어 한 입 베어 물고
또 한 손에 국물 후후 불며 먹던 어묵은
그 시절 최고의 간식

새벽을 열고 하루를 엮어가는
쫀득한 깊은 정
강인한 사람 냄새가
베어나는 이곳, 부산 국제시장

속이 허할 때 부담 없이
즐겨 찾던 먹자골목
길을 가다가도
편하게 들려 먹었던

그 맛과 멋은 사라졌지만
아직도 잊히지 않는
국제시장 그 할머니

행복 폭탄

친구와 팥칼국수를 먹으러
북구 화명동 소문난
별미국수집에 들어섰다

"곱빼기 둘 주세요!"
외치는 친구의 말에
웃음이 터졌다
평소 소식하는 친구니까

국물 위로 모락모락
팥향이 코를 스칠 때
우리 얼굴엔 이미
동글동글 보리빵 같은
미소가 익어 갔다

후루룩 후루룩
순식간에 빈 그릇
우린 마주 보며
미소를 부른다
"이건 정말 행복 폭탄이야"

순천 쌍암기사식당

선암사 돌담길
그 끝자락에 뿌리내린
50년 전통 전라도 욕보할매집

홍매화 향기 머금고 찾아간 곳
푸짐한 30여 가지 반찬 파도가
수저 끝에서 살랑살랑 춤춘다

검은 깨죽 한 그릇에
고소함이 입안 가득 넘치고
식혜 수정과 커피 한 모금에
입가에 맴도는 달달함

발길 머무는 자리마다
전라도가 발효하는
돌담길에 새긴
가성비 최고인 찬란한 밥상

홍게 사랑

손맛 없는 주부들의
고민을 싹 날려 주는
기특한 너

세월이 흘러도
소녀같이
수줍게 홍조 띤 얼굴

태평양을 누비던
인기는 식탁에서도
사랑을 한 몸에 받는구나

요리의 장인 맛선생도
울고 가는 감칠맛은
누구도 흉내 낼 수 없지

행복한 밥상의
양념 역할을 톡톡히
해 주는 너

화목한 가정의
홍일점이니 어찌
너를 사랑하지 않을까

가재는 말한다

시한부 생으로 어장에서
죽음을 기다리는 바닷가재

벌겋게 달아오른
불가마 찜통에서 두 발이
묶인 채 처절한 몸부림

철갑옷은 벗겨지고
몸통과 다리는
예리한 칼날에 토막 나고

탱글탱글 쫄깃한 살갗은
입속에서 형체 없이 녹아버리지

야들 고소한 식감
짭짤하게 퍼지는 바다향
달짝지근한 행복감에

눈으로 먹고
입으로 즐기는 재미가
쏠쏠하다고 폭풍 흡입!

흰 살 한입에 심쿵
통통한 다리 한점에 건배
환호성을 지르는 사람들

그대들이 개 맛은
아는지 모르지만
가재의 비애를 알랑가 모를랑가

제7장

사랑, 그 하나뿐

사랑, 그 하나 뿐

사람과 사람 사이엔
그리움과 기다림이 있고

만남과 만남 사이에는
인연이 사랑을 부른다

그리움에 싹튼 사랑이
기다림을 키우고

사람 사이
영원한 사랑 하나
뿌리 내린다

사랑의 자전 속에서

사랑은 둘이 마주 보는
그리움의 호수
저물어 가는 날들을
바람이 종이배로 밀어내니
텅 빈 하늘만 더듬네

지구가 돌아가는 속도로
세월은 모래알이 되어 흩어지고
기다리던 소식은
칠흑 같은 밤에 길을
잃었습니다

인생이란 누룩의 껍질 틈새로
생명을 쥐고 사는 일
사랑할 날이 남은 시간을
흙시계 모래로 세워 봅니다

지평선에 깔린 운무처럼
허무가 발목을 잡아당겨도
기다림의 새벽은
이슬로 맺히리라

달이 별을 삼키기 전에
마지막 꽃잎이 지기 전에
서로의 그림자를
돌아가는 땅위에 새기리

이별 없는 부산 정거장
- 행복의 폴카가 멈추지 않는

유리창에 맺힌 이별을 닦아내고
폴카 리듬의 파도가 끝까지 밀려온다
기찻길 위로 흩부려진 송별의 눈물
이제 발걸음마다 튀는 신발 사랑 방울

승강장 사이로 스치는 바람이
미완의 편지를 낱낱이 주워 담고

전국 노래방 벽지에 스며든 밀알
한 줌의 가사로 뿌린 희망이 자라
지친 어깨들 위에 포플러 그늘짓듯
메아리보다 가벼운 행복이 중천에 걸렸다

모모양을 현숙으로 굳힌 목소리
차창을 두드리는 빗방울의 모르스 부호

인생의 환승역에서
우연은 필연의 옷깃을 잡고
철길 끝 하늘이 닿은 손가락 끝으로
영원의 단추를 채운다

부산역 광장에 서면
모든 시계추가 사랑의 역 주소를 가리키네
천상의 배필이 기차표 대신
맺은 살 같은 운명을 내밀 때까지

내 사랑, 작은 꽃에게

햇살이 고운 어느날
할머니 마음에 작은 꽃이 피었단다
너의 웃음소리, 채아야,
내 하루를 환히 밝히는 빛이구나

너의 작은 손을 꼭 잡으면
세상 모든 걱정도 멀어지고
따뜻한 사랑이 가득 차오른단다

너와 함께하는 순간순간이
내 삶의 가장 소중한 선물임을
할머니는 오늘도 조용히 되새긴단다

언제나 건강하고 행복하기를,
언제나 사랑받는 아이로 자라길,
너를 위해 기도한다, 내 사랑아

해운대 동백교

파도는 낮은 목소리로
속삭이며 흐르고
동백꽃 진 자리에는
물비늘이 일렁인다.

숨차게 올라선 동백교,
돌남자, 돌여인의
기다림에 행락객들
발길을 잡아 놓고

숨죽여 부는 바람은
동백교 다리를 흔들고
나를 흔들어
그대를 향해 가는 마음

한 시절 속절없이
건아 하게 살아왔건만,
동백교 흐르는 물 잡고서
어린 시절의 웃음만 짓고 싶다

잎새 휘파람 되어

먼 길을
누군가의 발걸음에
내 숨결을 묻고 싶다

가족은 길 위에
숨 고르는 벤치로 눕고
잎새 휘파람이 되어
허리춤의 땀을 식힌다

이 길은
어깨에 맺힌 이슬로
지도가 되고

종일 걸음에
발목 잡히는 돌부리에
숨이 차서 허우적대는 날
등성이는 하늘을 물어뜯고
고개 넘어 스르르 미끄러지는
모래시계 같은 내리막길

어둠이 깊어
손금에 새긴 강물마저 말라갈 때
갈래갈래 갈라진 길목에서
발자국이 주춤거릴 때
저 멀리
서로의 그늘이
나뭇가지에 걸려 흔들린다

빛의 꽃다리

수평선을 가로지르듯
일렁이는 바다 위에 누운
강철의 길이로다

인고의 삶들을 싣고 나르며
부산의 젖줄이 되어
끊임없이 너의 품을 내어 주는구나

세상 풍파에도 우직한 모습
밤하늘의 별들과 세계인을
불러온 드론의 화려한 날갯짓

노래하고 춤추게 하며
아름답게 밤하늘을 수놓는
광안대교, 빛의 꽃다리

제8장

꽃잎처럼 흩날리는 비움

꽃잎처럼 흩날리는 비움
― 통도사에서 만난 진리의 꽃

일주문과 천왕문 사이
사람들의 발길 밝히는
배롱나무 꽃이 피었다

번뇌는 사라지고
오직 기쁨으로
꽃잎처럼 흩날리는 비움

잘 익은 햇살
가지가지마다
인연 존재 말하니
이 모두가 잠시 잠깐의 머뭄

피고지고 피고지고
욕심없이 살라하는
진리의 꽃이여

유가사에 머문 봄바람

천년의 역사가 깃든
아늑한 산사

비슬산 자락
백팔개의 정성이
돌탑으로 쌓여
소원성취 기원하나니

보각국사
시비에 새겨진 글들이
봄바람에 실려

살아 움직이는 듯
세속의 먼지를 씻어 내는
신선한 기운

소나무 스친 바람마저
서로를 향한 간절함으로
웃으며 살라하네

합천 황강의 함벽루

누각의 허리를 감고
천년을 흐르는 황강

남명의 한 줄기 안개,
이황의 스민 반쪽 달
강바람에 번지는 봄날

옛시인들의 숨결은
햇살 머금은 윤슬로
굽이굽이 흐르고

강물에 비친 하늘
푸른 먹물 풀어 그린
한 폭의 산수화

꽃가루 흐르는 강물 따라
꽃이 피듯 흔들리고 있다

풀잎이 햇볕 마시는 날

황강 위로 햇살이 흐르고
바람은 들꽃의 이름을
불러준다

하늘은
산 벚나무 그늘 아래
고요한 황강으로 내려와
가만히 몸을 씻는다

풀잎은 햇볕을 마시며
어제보다 더 푸른 숨결로
싱그러운 노래를 시작한다

있는 그대로 꾸미지 않아도
이토록 아름다울 수 있다니

봄은 예까지 와서
자연의 본디 얼굴을 보여 준다

마음의 조각

입춘이 지났건만
산바람은 여전히 차갑게 분다

푸른 바다 어깨에 기대어
천천히 백년사에 오른다

광안대로와 이기대의 물결이
눈앞에 선명히 펼쳐지고

부처님 발치에 엎드려
흩어진 마음 조각 주워 담는다

비틀거리는 발걸음에
박규리의 〈치자꽃 설화〉를 되뇌이며

해가 지는 소리에
산길을 빠져 나온다

창녕 고분지의 젖무덤

가야왕국의 숨결이
끝없이 이어져 있는
크고 작은 고분

완만한 곡선은
아름다운 어머니의
젖무덤처럼 편안하고

오월의 동산에
가득한 하얀 크로버
풀꽃반지 만들던
예쁜 추억 생각나

조용히 따라나선
고샅길에 옛 얘기
귀에 들리는 듯

자연의 숨결과 역사가
서려있는 길

아, 푸르른 오월이여
가야왕국의 위대함이여
역사의 혼, 그 웅장함이여

구름이 던져 준 법향

솔잎 향기로 물든 산길이
발걸음에 스민다
안양암 계단에 올라서니
푸른 합장 손이
구름을 헤치고 오르는 법륜

영혼의 뿌리가 서린 자리
부처님 발치에
희망의 불꽃 하나 등불에 담아
꺼지지 않는 밧줄로 매니
손금에 새겨진 연기의 문

오색 찬란한 연꽃 길을 밟으며
흔들리는 세상의
그물코 풀어 내리는
미소가 강물이 되어
내 발아래 쌓인 그림자 씻어 가고

가르침의 나이테를 따라
기쁨과 슬픔의 파도를 가르며

내일의 나뭇가지 끝에서
나비처럼 날아오르리
한 송이 진달래 피워 올리는 합장

대숲에 이는 법문소리
　- 불일암에서

봄 햇살도
연초록으로 물결로 물들어가는
무소유의 길
법정 스님의 발자국 따라
조심스레 걸었다

솔숲 돌계단 하나하나
아픈 발목의 투정에도
마음 비우며 한걸음 한걸음
빈 숨결로 계단을 올랐다

속세를 벗고
부처의 세계에 다가가듯
편백나무 활엽수 숲을지나
구도의 터널같은
대나무 숲길이 펼쳐진다

샤르륵 샤르륵, 새소리
바람에 흔들리는 잎새들의
법문 소리가 대숲 가득하다

스님의 숨결은
작은 암자에 고스란히 머물러
'청산에 살어리랐다' 는
법당 벽 글귀를 바라보며
무소유의 높고 고요한 마음으로

님의 깊고 아름다운 향기를
다시 새기며 두손모아
합장한다

발자국이 녹는 자리

여름의 열기를 안고
백일 동안
붉게 피어나는 꽃

땅속 깊이 오랜 역사를 품고
조롱조롱 주름진 작은 꽃

그 화려함으로
눈길을 끄는 배롱나무

스님들의 발자국이 녹는 자리
오래된 이야기들이
잎사귀를 흔들며
번뇌를 땅에 묻는다

해마다 속살 드러내며
고통의 각인을 벗고
흙빛 옷깃이
소복히 쌓이는 배롱나무

운문사의 가을

고요하게 비가 내리는 호거산
산허리 둘러친 운해 속에
가을의 색채가 향연을 펼친다

운문사 경내 수호신
수령 500년 처진 소나무
고개 숙인 가지가지가
익은 벼처럼 겸손을 가르치는데

삼월삼짇날이면 스님들이 대접한
막걸리 12말을 마시고 불그레하게
취한다는 나무

짧고 푸른 잎은
긴 세월 노령에도
갓 감고 나온 소녀의
머릿결 같이 부드럽고 싱그럽다

멀리 호거산 붉은 단풍에
사람들의 마음도 물들어가고
운문사의 가을도 깊어간다

붓끝에 춤추는 선
- 신윤복 미인도를 만나다

붓끝에서 춤추는 선
한 송이 꽃처럼 피어있는 여인

반듯한 이마
귓가 몇 올의 머리카락
깊은 눈빛, 봉곳한 코, 도톰한 입술
단아하고 섹시한 조선의 미

치마끈을 풀다말고
무슨 생각에 잠기었을까

옷고름을 만지는 손길에 흐르는
오묘한 긴장감

남정네들의 울렁증을 유발시키는
아름다움의 정수

회장저고리
항아리 같은 치마
새하얀 버선코

요염하고 곱기도 하여라
간송미술관 제2전시실의
독방을 차지한 여인,

조선 미인의 향기가 잔잔히
흐르고 있다

| 해설 |

편지 줄글 같은 시의 안부

정영자 | 문학평론가, 한국문인협회 고문
국제펜클럽 한국본부 고문

　정현종 시인은 시 쓰기는 사람 세상과 세상 사람의 안부를 묻는 행위며 시는 필경 안부를 묻는 말이라고 하였다. 공동체의 건강과 개인들의 항상 모자라는 평화와 기쁨을 위해 말을 건네는 것이기에 사람 세상의 안녕뿐만 아니라 만물의 안부도 항상 궁금해서 시는 태어난다는 얘기이다. 이숙례 시인의 시는 편지 줄글 같은 안부를 묻는 독자 친근의 시학이다. 독자와의 소통을 제일 먼저 생각하는 시의 보편성, 서정성, 시의 치료, 시의 위로, 시낭송의 효과적인 전달과 감상에 시인으로서 시 낭송가로 해야 할 역할을 즐긴다.

　문학치료는 마음을 열고 자신의 고통스런 감정과 생각을 문학적으로 시원하게 표현함으로써 치료적 효과를 볼 수 있다는 가능성을 가지고 오랜 날부터 실행

되어 오던 자연치유법 중의 하나이기도 하다. 진실은 통한다는 말도 있듯이 진실함은 소통을 가능하게 하고 소통은 곧 치유의 조건이기도 하다. 시를 통해 자신의 내면을 진솔하게 이야기할 수 있고 타인의 진솔함을 수용할 수 있다면 치유의 시작은 가능하다.

이런 문학이 갖는 현대의 심미적 기능은 원래 원시사회의 종교적 기능을 대신한 것이다. 문학은 그 본래의 기능상 인간의 영혼이나 심리를 치유할 의식儀式의 수단이었고, 일차적으로 감정과 사고, 의지를 중심으로 한 심리적-정신적 행위의 소산물이다. 원시사회에서는 병리학이 정신적 질병과 동일한 것으로 여겨졌다. 말하자면 질병의 치료술이 종교의식과 결부되어 환자들은 질병과 고통에서 벗어나기 위해 신전이나, 사원, 토템, 샤머니즘적 성소를 찾았던 것이다.

이제 우리는 자신 스스로의 발아에 의한 새로운 정신과 열정을 담는 시의 물결을 즐기고 혼자만의 것이 아닌 더불어 표현하고 감상하는 폭넓은 감상의 단계로 진입하였다. 이와같은 시가 가진 서정성을 기반으로 시낭송의 흐름을 중시하는 시의 형식을 만들어 가고 실행하는 낭송시인의 모델로 이숙례시인을 지칭할 수 있을 것이다.

그는 경남 남해출신으로 시인, 시낭송가, 동화구연가, 웃음치료사, 시극 배우로 시낭송 부분의 일인자로서 전국 시낭송의 수상을 휩쓸었다.

전국 재능 시낭송대회 금상, 제13회 한국시낭송상. 제3회 영축문학 시낭송상, 제14회 한국문화예술 시낭송 대상 등 많은 낭송상을 수상하기도 하였다. 그리고 작고 큰 문단 행사에는 축시 낭송으로 행사의 서막을 장식하였다. 그래도 시인은 시로 남아야 한다는 문단적 현실을 긍정적으로 받아들이며 낭송가를 시인으로 영입하는 데에도 기여하고 있는 낭송가이기도 하다.

2008년 문학계간지 『여기』로 시인으로 데뷔하여 동서대학교 사회교육원. 각종 문화센터의 시낭송 강좌의 인기 시인으로 열성적으로 출강하였으며 현재 최고의 문화강좌로 명성 높은 (사)부산여성문학인협회 부설 문화교육원 낭송부분 교수로 낭송전문가를 배출하고 있다.

첫시집 『들꽃향기에 기대어 서다』(2019)를 발간하고 두 번째 시집 『달빛 응원』(2024)을 상재하였으며 세권째 시집을 발간하며 본격적으로 창작시의 묘미에 빠져들고 있다.

그의 시 세계는 젊음의 활기찬 비전에 최선을 다하며 살아간 강인한 의지를 읽을 수 있다. 넓고 푸른 청정 도시 남해안의 들판과 바다, 그리고 거기에 살고 있는 정다운 사람들과의 어제와 오늘을 노래하며 잃어버리고 있는 낙원 구축의 잔잔한 바램을 시화시키고 있다.

나는 그의 첫시집을 읽고 다음과 같이 그의 시를 평한 바 있다.

> "이숙례 시인은 천상 서정시인이다. 순수 무구한 그리움과 유년의 낙원 의식을 복원하고자 하는 꿈의 시인이기도 하다. 들꽃 향기 가득한 전원적인 고향의 이미지는 그가 정점에서 찾고자 하는 이상향이며 예술의 구경적 목적이기도 하다. 꽃과 나비, 너와 나의 향기로운 그리움으로 형상화시킨 시 창작의 실체는 현실 극복의 의지이며 지칠 줄 모르게 추구해 가는 예술의 바탕이기도 하다. 들꽃 향기에 기대어 서서 고향의식과 삶의 현실을 직시하는 시인의 정신적 생활공간은 넉넉하다 못해 향기로울 뿐이다"

그의 시적 지향은 변함없이 이러한 기조, 서정성, 소박함, 서민의 애환을 유지한 체 더욱 깊어지고 있다. 시의 낭송화, 낭송의 창작화, 시극의 활성화는 물론 시낭송으로 효과적인 대중성 확보는 물론 시치료의 일상화를 보급하는 시인이기도 하다.

이숙례 시인은 서정성을 바탕으로 다양한 삶을 반추하되 항상 긍정적인 지향으로 시와 인생을 기획하며 살고 있다. 동심과 전통적 먹거리의 향토성과 시낭송으로 세상의 고통과 분열을 치유하고 있다. 시와 시낭송의 양 날개로 활동하는 이숙례 시인의 문학활동은 펜을 대동한 인기 연예인을 닮은 형상으로 연출되기도 한다.

> 아침 이슬이 녹아내리는 소리에
> 겨울의 잠옷을 벗은 나무들이
> 한 송이 꽃망울을 들고
> 수줍게 손을 흔든다
>
> 바람이 흙 속에 묻어둔 편지를
> 뿌리들에게 읽어 주면
> 풀잎들은 고개를 내밀어
> 하늘을 향해 초록빛 물음을 적신다
>
> 강아지풀 사이로 스며드는 햇살이
> 미닫이문을 열고
> 한 아이의 웃음소리는
> 멀리서 돌아온 제비의 노래와 겹친다
>
> 저만치 피어나는 벚꽃 구름 아래
> 발자국마다 남은 향기가 흩날리는 동안
> 땅속 씨앗의 속삭임에
> 귀를 기울이고 있었다
>
> 시간이 지나도
> 그날의 봄은 한 장의 편지로 남아
> 오늘도 읽히는 눈부신 향기다
>
>   - <흙 속에 묻어둔 편지> 전문

철학적 사유가 담긴 동심의 역사는 이 시대에 잃고 있는 순수와 낙원의식의 회귀를 바라는 기대지평이다. 아침 이슬이 녹아내리는 소리에 딱딱한 껍질을 벗은 나무들이 새 생명을 상징하는 한 송이 꽃망울을 피우고 다시 온 봄의 희망을 노래한다. 오랜 시간의 바람 속에 낙엽들이 떨어져 흙이 되어 묻어둔 유년의 추억들은 편지에 담고 나무 뿌리에게 그 편지를 읽어주면 풀잎들은 고개를 내밀며 하늘에 호응하는 봄의 전령을 은유와 상징으로 시화한다. 여기에 고향집의 강아지풀 사이로 햇살이 미닫이 문 사이로 들어오면 한 아이, 시적 화자의 웃음소리는 제비소리와 겹치는 편안하고 행복한 봄 날의 시골풍경을 그림처럼 그리고 있다.

벚꽃이 피는 향기로운 대지의 씨앗이 속삭이는 한 장의 편지로 남은 유년의 사랑과 안락한 유토피아를 형상화 시키고 있다. 그러한 표현은 이숙례 시인의 오랜 시 감상과 전달, 천혜의 아름답고 평화로운 고향에서 발효된 시인의 시적인 일상화를 즐기는 체험에서 오는 감수성이다.

> 반가운 바람으로 살자 봄처럼
> 버들잎 속삭임 같은 기척만으로
> 창가 걸린 햇살의 발자국만으로
> 얼음 녹은 강물처럼 웃어 주며

설렘 가득 다가서는 봄처럼
반가운 사람으로 살자, 우리

햇살 머금은 구름으로 살자 봄처럼
땅속에서 손가락 터지는 새싹들처럼
살금살금 스치는 발걸음마다
동그란 생명의 고리 만들며

포근한 사람으로 살자, 우리

입꼬리에 맺힌
복숭아꽃으로 살자 봄처럼
차가운 자갈길도 이끼가 스민 등성이
우연히 스치는 인연이라도
산비둘기 울음이 꽃잎으로 피어오르는
꽃빛으로 살자, 우리

 — <봄처럼 살자, 우리> 전문

  공존의 철학을 노래하고 있는 <봄처럼 살자, 우리>는 "입꼬리에 맺힌/복숭아꽃으로 살자"는 시인의 낙천적이고 사랑이 충만한 서정시인이 독자에게 권하는 생산적이고 긍정적인 삶의 철학이다. 항상 지치며 불만이고 욕망의 불들이 끊이지 않고 자신들을 불사르는 현대인의 이기심과 절망과 고독에서 벗어나는 것은 쉽지않다. 그러나 지혜로운 청유형의 '우리'를 복창

하는 시적 효과를 내고 있다. 공존의 삶이 단독자의 교만과 외로움을 위로하는 하나의 치유가 될 때 시 한 편은 낭송, 그것도 장소에 어울리는 시 낭송법의 하나일 수 있다. 따라서 그의 시는 늘 어느 곳, 어느 사람들 앞에서나 대중성을 확보하며 절절한 공감력을 확산시키는 무기가 된다.

  일주문과 천왕문 사이
  사람들의 발길 밝히는
  배롱나무 꽃이 피었다

  번뇌는 사라지고
  오직 기쁨으로
  꽃잎처럼 흩날리는 비움

  잘 익은 햇살
  가지가지마다
  인연 존재 말하니
  이 모두가 잠시 잠깐의 머뭄

  피고 지고 피고 지고
  욕심 없이 살라 하는
  진리의 꽃이여

        – <꽃잎처럼 흩날리는
     -통도사에서 만난 진리의 꽃> 전문

일주문을 지나면 이미 둘이 아닌 하나의 이름으로 세상은 극과 극이 아닌 화합과 융합의 세상을 상징한다. 이숙례 시인은 통도사에서 문학 행사를 할 때 자주 출연하여 시낭송이나 시극 출연을 해왔다. 인연법으로 치면 통도사는 시인이 자주 가는 사찰이기에 여름 날 배롱나무가 빨갛게 피는 것을 자주 보았을 것이다. 일주문─柱門은 사찰에 들어가는 첫 번째 문이다. 이 문은 기둥이 한 줄로 늘어서 있어 세속의 번뇌를 정리하고 진리의 세계로 들어가는 상징을 가지고 있다. 천왕문은 단순한 사찰의 출입구가 아닌 번뇌를 씻고 어리석음을 내려 놓고 진리로 향하라는 가르침을 담고 있다. 일주문과 천왕문 사이에 붉게 핀 배롱나무의 꽃잎이 흩날리는 자체를 번뇌가 사라진 기쁨이면서도 마음을 비우는 화사함으로 형상화시키고 있다. 피고지는 꽃의 순환처럼 욕심없이 살라는 진리를 설법하는 화사함의 포교의미를 가진 불교적 사유다. 어렵지 않게 편안한 포교적인 내용의 꽃피고 지는 비움의 꽃법문을 시로써 대신하고 있는 것이다. 이 시 또한 포교적 낭송에 적합하다. 이와 같은 법문적 시적 표현은 〈닦음〉에서도 나타난다.

　　매일
　　나는 마음을 닦는다
　　어제도 닦았건만

오늘도
구석구석, 빗장을 풀고
희디흰 걸레로 문지른다

깨끗해졌다고 믿는 순간
언제나
작은 그늘 하나
슬며시 따라 붙는다

빛 아래 드러나는 얼룩
욕심이 남긴 자국
불만이 일군 먼지 더미

그래도 나는
손을 멈추지 않는다
묵은 감정을 헹구고
탐심의 때를 벗기며

조금씩
내 안의 창이 맑아 진다
그 투명한 유리에
누군가의 따뜻한 얼굴이
비치기 시작한다

— <닦음> 전문

〈남해의 보물초〉는 남해 홍보용 시로서 활용하면

좋을 것 같다. 고향 사랑과 기부에도 여러 가지형이 있겠지만 이 시는 남해 시금치만이 가진 특성과 붉은 뿌리와 단맛을 내고 향기로운 향을 가진 해풍을 직접 맞고 자란 남해 특산물을 그대로 알리는 것이다. 남해의 보물초로 승격한 시금치가 객관적 상관물로 등장하여 입맛은 물론 남해를 가거나 반드시 봄철에는 남해산 시금치를 찾아야 할 당위성을 갖도록 한다. 시금치는 우리나라 국민이 즐겨 먹는 국민 나물이면서도 남해안 연안에서 키우는 시금치들이 차츰 그 양이 적어서 한때 첫봄의 키 작은 시금치를 구하기는 쉽지 않았다.

혹독한 추위 속에 얼었다가 녹고 녹은 후에 다시 자라면서 키는 낮을수록 튼실하게 자란다. 특미는 먹어 본 사람만이 수긍하는 남해의 보물초, 시금치이다. 이숙례 시인은 토속적인 나물 무침을 잘하기로 소문나 있다. 시금치는 물론이지만 무우 나물도 달다. 재료의 신선도는 물론이지만 어디서 자랐느냐도 매우 중요할 것이다. 그는 남해산 토종 마늘, 감자, 시금치 등을 알리고 소개하는 중계인 역할도 마다하지 않는다. 그의 남해 예찬 시 시금치는 구체적이라서 더욱 독자들의 귀에 황홀하게 들릴 것이다

해풍 맞고 자란
남해 시금치

달빛을 보고 얼었다
햇살의 품에 녹았다

겸손한 사람을 보면
그 깊이가 느껴지듯

더욱 낮추어 튼실하게 자라
깊고 붉은 뿌리의 단맛과 향

땅을 사랑하여
땅 내음이 나는 남해의 보물초

한 잎 한 잎
푸른 기적을 담는다

- <남해의 보물초> 전문

 계절과 세월이 담긴 편지, 자연 속에 살면서 자연으로 쓰인 편지 줄글같은 그의 시는 천지 만물로 빚어진 메시지이다. 마음에 드는 시 한 편 골라 낭송해 보시기를 권한다.